Das kleine **Plätzchen** Backbuch

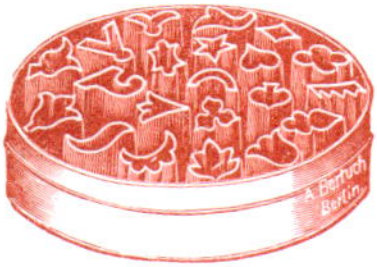

Vollständig überarbeitete Neuausgabe
des ebenfalls im Verlag W. Hölker
erschienenen Titels: Der Weihnachtsteller

5 4 3 2 1   17 16 15 14 13

ISBN 978-3-88117-906-5

Fotografie: Oliver Brachat, BFF, www.oliverbrachat.com
Styling: Steffi Neff
Umschlaggestaltung: Tina Lechner Grafik & Buchdesign
Satz und Layout: FSM Premedia

Printed in China

www.hoelker-verlag.de

Gisela Allkemper

Das kleine **Plätzchen** Backbuch

Hölker Verlag

Inhalt

Plaudereien um das Brauchtum in der Weihnachtszeit

Am 25. Dezember feiert das christliche Abendland seit dem 3. Jahrhundert das Fest der Geburt Jesu. Das Datum wurde damals wohl aus zwei Gründen festgelegt: Der 25. März galt, manchen Überlieferungen zufolge, als der Tag von Mariä Empfängnis. Folglich gebar sie den Heiland am 25. Dezember. Zudem hatte Kaiser Aurelian im Jahre 274 den 25. Dezember zum Festtag des „unbesiegten Sonnengottes" (sol invictus) erklärt, um sein Kaisertum und die Staatsmacht zu festigen. Die junge Kirche Roms wollte diesem hohen Staatsfeiertag ein eigenes Fest entgegensetzen, um den Heiden den Übergang zum Christentum zu erleichtern.

Das Fest der Geburt Jesu setzte sich jedoch nur zögerlich gegenüber den römischen wie auch den germanischen Winterfesten durch. Noch im Mittelalter hatte die christliche Kirche große Mühe, gegen die heidnischen Feste rund um die Wintersonnenwende am 21. Dezember anzukommen. Die längste Nacht des Jahres und damit die Geburt des neuen Lichtes, des neuen Lebens und des Winterendes wurde mit ausschweifenden Gelagen gefeiert.

Das ursprünglich also wenig christliche Fest hat uns viele Gebräuche hinterlassen, so z. B. die sogenannten Heischegänge, die aus dem Perchtenlauf entstanden sind: Junge Burschen, wild verkleidet, zogen kettenrasselnd und Schabernack treibend durch die Straßen, um die Wintergöttin Perchta und mit ihr die rauen Wintertage und -nächte zu bannen. Vor dem christlichen Hintergrund wandelte sich dieser Brauch dahin-gehend, dass arme Leute von Tür zu Tür gingen und um eine milde Gabe im Namen des Christkindes baten. Auch heute noch ziehen in manchen Gegenden Gruppen junger Leute von Tür zu Tür, klopfen an, wünschen Glück, singen Lieder, zum Teil religiöser Art, und erwarten als gute Gegengabe Plätzchen, Süßigkeiten oder Geld für Menschen in Not.

In einigen Ländern wird traditionell der Heilige Abend, also die Zeitspanne zwischen Einbruch der Dunkelheit und Mitternacht des 24. Dezembers, mit einem festlichen Essen und einer Bescherung begangen. Mit der nächtlichen Christmette beginnt dann das eigentliche Weihnachtsfest.

Erstaunlich „jung" im Vergleich zu vielen anderen Bräuchen ist der Weihnachtsbaum. Sein Einzug in die Wohnzimmer geht auf das Einholen von frischen Zweigen zurück. Den wohl ältesten schriftlich vermerkten Bericht darüber liefert uns eine 1605 in Straßburg verfasste Chronik. Darin heißt es: „Auf Weihnachten richtet man Dannenbäum in Strasburg in den Stuben auff, daran hencket man Rossen aus vielfarbigem Papier geschnitten, Äpfel, Oblaten, Zischgolt, Zucker..."

Und später beschreibt der Simplizianische Wundergeschichten-Calender von 1795 einen Weihnachtsbaum in Nürnberg so: „Der stand nun in einer Stube in der Ecke, und seine Zweige waren so ausgebreitet, daß sie fast die Hälfte der Decke der Stube bedeckten und man darunter stand wie unter einer Sommerlaube. An allen Ästen und Zweigen hingen nun allerhand kostbare Konditor- und Zuckerwaren, als: Engel, Puppen,

Tiere und dergleichen, alles von Zucker; welches mit den Blüten des Baumes gar artig harmonierte. Ferner hing auch vergoldetes Obst, von allen Sorten, in großer Menge daran [...]. In der Mitte dieses Magazins befand sich der Heilige Geist in seiner gewöhnlichen Gestalt, als eine allerliebst schöne Taube von Zucker, zur Rechten hing das Christkind, und zur Linken seine Mutter – gar niedlich anzusehen [...]. Endlich war der ganze Baum, mit all seinen Zweigen und Früchten, mit einem goldenen Netz, das von vielen tausend vergoldeten und an Schnüren gereihten Haselnüssen gar künstlich zubereitet war, überzogen und mit Girlanden und Bandelotten wie an einem Kronleuchter geziert. Zwischen allen diesen unbeschreiblichen Kostbarkeiten leuchteten eine unzählige Menge Wachslichtlein hervor, wie Sterne am Himmel, welches ein prächtiger Anblick war."

Geplündert wurden die Weihnachtsbäume erst am Dreikönigstag (6. Januar), denn die Wertschätzung der Gebäcke, meistens Gebildbrote in Form von Lebkuchen, Springerle und Spekulatien, beruhte sowohl auf den teuren Gewürzen und dem Zucker als auch auf der Aussagekraft der kunstvoll verzierten Stücke.

Zunächst dem Adel, den Spitälern und Zünften vorbehalten, wurde der Weihnachtsbaum von da an immer stärker in das Brauchtum aller Familien um das Christfest mit einbezogen. Nicht nur kleine Geschenke lagen unter dem Baum, sondern ganze Krippenlandschaften, Ausdruck der frommen Botschaft, wurden Mittelpunkt und Andachtsträger des Festes.

Ein bunter Teller voller Plätzchen

Neben Äpfeln, Nüssen, Orangen, Pfefferkuchen, Lebkuchen und Eierzucker hat sich im Laufe der Zeit auch anderes Kleingebäck einen festen Platz auf dem Weihnachtsteller erobert. Somit kann man ihn zu Recht als „bunten Teller" bezeichnen. Da man in früheren Zeiten nicht viel Geld für Weihnachtsschmuck ausgab, hängte man neben Äpfeln und Ketten aus Nüssen auch Plätzchen an den Weihnachtsbaum. Ein schöner alter Brauch war es z. B., Buttergebäck etwas dicker auszurollen, die ausgestochenen Plätzchen mit einem Loch zu versehen und mit einem hübschen Bändchen an die Zweige des Baumes zu hängen. Das Gleiche galt für Lebkuchen. Naschkatzen mussten sich mit dem Plündern des süßen Baumschmucks wie gesagt bis zum Dreikönigstag gedulden.

Doch zurück zum bunten Weihnachtsteller: Die Plätzchen und das Kleingebäck, die ihn traditionell zieren, sind in diesem Kapitel alphabetisch von A (Anisplätzchen) bis Z (Zimtstern)geordnet:

Doch zuvor noch einige Tipps, die Ihnen das Backen erleichtern werden:

Wenn Ihr Weihnachtsgebäck ganz besonders gut schmecken soll, verwenden Sie Butter, keine Margarine. Die Butter muss zimmerwarm sein, damit man sie verkneten kann.

Sollte der Teig beim Ausrollen kleben, arbeiten Sie am besten nicht zusätzlich noch Mehl ein, sondern legen ihn lieber, in Frischhaltefolie gewickelt, für einige Stunden oder über Nacht in den Kühlschrank.

Formen Sie die Plätzchen so klein wie möglich (mundgerecht). Das gibt ihnen ein eleganteres Aussehen und außerdem sind sie handlicher beim Verzehr.

Die Gebäckstücke sollten obenauf keine Mehlspuren vom Ausrollen und Ausstechen aufweisen. Sie lassen das Gebäck unansehnlich werden und erschweren es, die Stücke mit einer Glasur zu versehen. Mit einem trockenen Backpinsel kann man das überschüssige Mehl leicht entfernen.

Legen Sie Ihr Backblech mit Backpapier aus. Das ist sauberer und einfacher, als das Blech zu fetten und zu bemehlen. Das Papier kann problemlos für mehrere Backvorgänge verwendet werden. Sobald es braun und brüchig wird, ersetzen Sie es am besten durch ein neues Stück.

Den Ofen immer vorheizen. Die Temperatur richtet sich nach der Gebäckart. Wenn nicht anders angegeben, schieben Sie das Blech auf die mittlere Schiene.

Alle Plätzchen nach dem Backen nebeneinander auf einem Kuchendraht auskühlen lassen. Erst dann, je nach Rezept, glasieren o. Ä. und in Dosen packen.

Die Plätzchen in fest schließenden Dosen aufbewahren. Solche mit Guss sollten lagenweise mit Alufolie oder Pergamentpapier voneinander getrennt werden. Stark gewürzte Plätzchen möglichst gesondert lagern, damit sich Geruch und Geschmack nicht auf die anderen Gebäckstücke übertragen.

Lebkuchen werden weich, wenn man die Dose einige Stunden vor dem Servieren öffnet.

Anisplätzchen

4 Eier, 250 g Zucker, 2 Päckchen Vanillezucker,
1 Msp. Salz, 2 EL zerstoßener Anis, 300 g Mehl

Die Eier trennen. Die Eigelbe mit dem Zucker und dem Vanillezucker schaumig rühren. Das Salz und den Anis dabei einrieseln lassen. Zum Schluss die Eiweiße steif schlagen, auf die Eimasse geben, das Mehl darübersieben und beides locker unterheben.

Kleine Häufchen auf ein mit Backpapier ausgelegtes Backblech setzen. Über Nacht stehen lassen, damit sie ein „Füßchen" bekommen.

Am nächsten Tag die Plätzchen im auf 180–200 °C vorgeheizten Ofen 20–25 Minuten backen. Sie sollen nur ganz leicht Farbe annehmen. Herausnehmen, auskühlen lassen und kühl lagern.

Damit die Plätzchen etwas weicher werden, die Dose nicht sofort verschließen.

Aprikosen-Marzipan-Herzen

50 g getrocknete Aprikosen,
200 g Marzipanrohmasse, 200 g Mehl,
100 g Zucker, abgeriebene Schale von
1 unbehandelten Zitrone, 100 g Butter, 1 Ei
Außerdem: 150 g Aprikosenkonfitüre, Puderzucker

Die Aprikosen sehr fein hacken. Mit Marzipanrohmasse, Mehl, Zucker, Zitronenschale, Butter und Ei zu einem glatten Teig verkneten. In Frischhaltefolie wickeln und 30 Minuten ruhen lassen.

Den Teig auf einer bemehlten Arbeitsfläche ca. 3 Millimeter dick ausrollen und Herzen ausstechen. Aus der Hälfte der Herzen in der Mitte mit einer kleineren Form herzförmige Löcher ausstechen. Teigreste nochmals verkneten und ausrollen. Weitere Herzen ausstechen und auch mit ihnen wie beschrieben verfahren.

Die Herzen auf ein mit Backpapier belegtes Backblech legen und im auf 175 °C vorgeheizten Ofen 12 Minuten backen. Herausnehmen und abkühlen lassen.

Die Konfitüre in einem Topf erhitzen. Die Herzen ohne Loch damit bepinseln. Die mit Loch versehenen Herzen mit Puderzucker bestäuben und auf die mit Konfitüre bestrichenen Herzen setzen.

Bärentatzen

500 g Butter, 350 g Zucker,
2 Päckchen Vanillezucker, 2 Eier, 350 g Mehl,
350 g Speisestärke,
150 g geschälte gemahlene Mandeln
Außerdem: Aprikosenmarmelade,
Schokoladenglasur (Fertigprodukt)

In einer Schüssel aus den angegebenen Zutaten einen weichen Teig rühren. In einen Spritzbeutel mit gezackter Tülle füllen und kleine „Tatzen“ auf das mit Backpapier ausgelegte Backblech spritzen. Im auf 175–200 °C vorgeheizten Ofen hell backen, herausnehmen.

Nach dem Auskühlen jeweils 1 Tatze auf der Unterseite mit Marmelade bestreichen und eine 2. Tatze mit der Unterseite daraufsetzen. Die Schokoladenglasur im Wasserbad schmelzen und die Doppeltatzen an den Enden hineintauchen. Auskühlen lassen.

- Im Handel gibt es auch spezielle Tatzenförmchen zu kaufen. Diese werden ausgebuttert und mit Zucker ausgestreut. Der Teig wird in die Vertiefungen gepresst, vorsichtig herausgeschlagen und auf dem Backblech verteilt.

- Sie können anstelle der Marmelade auch Schokoladenglasur zum Zusammensetzen der Tatzen verwenden.

Basler Herzen

Für die Herzen: 2 Eiweiß, 250 g Zucker,
1 Päckchen Vanillezucker, 1 Prise Salz,
1 EL zerlassene und wieder abgekühlte Butter,
1 gut gehäufter EL Kakao, 2 TL Zimt,
1/2 TL gemahlene Nelken,
1/2 Fläschchen Rumaroma,
250 g gemahlene Mandeln (mit Schale),
1/2 TL Backpulver
Für die Zuckerglasur: 150 g Zucker
Außerdem: Mehl für die Arbeitsfläche

Für die Herzen die Eiweiße mit Zucker, Vanillezucker und Salz zu steifem Schnee schlagen. Butter, Kakao Gewürze und Rumaroma zugeben. Mandeln und Backpulver vermischen und in den Teig einarbeiten; er sollte dabei fest werden.

Den Teig auf einer bemehlten Arbeitsfläche 1 Zentimeter dick ausrollen und Herzen ausstechen. Die Oberseite mit einem Messerrücken mehrere Male diagonal einkerben. Im auf 180 °C vorgeheizten Ofen 15 Minuten backen, herausnehmen.

Für die Zuckerglasur Zucker und 100 Milliliter Wasser in einem Topf kurz aufkochen. Die Herzen noch heiß mit der Glasur bestreichen.

Basler Leckerli

Die Herkunft dieses Gebäcks lässt sich bis weit ins Mittelalter zurückverfolgen. Während sich die einfachen Leute nur schlichte Lebkuchen leisten konnten, wurden die Leckerli den hohen Herrschaften zu besonderen Anlässen präsentiert, so z. B. zum Basler Konzil (1431–1449). Während sie früher ausschließlich mit Honig gebacken wurden, verwendet man heute zwei Drittel Honig und ein Drittel Zucker.

500 g Honig, 250 g Zucker, 2 EL Zimt,
1 Prise gemahlene Nelken,
etwas Muskat, 125 g Mandeln, 125 g Haselnüsse,
100 g Orangeat, 100 g Zitronat, 700 g Mehl,
15 g (2 Msp.) Pottasche, 4 cl Kirschwasser
Außerdem: Zuckerglasur (Rezept S. 19)

Den Honig mit dem Zucker in einem Topf erwärmen und zusammen mit Zimt, Nelken und Muskat aufkochen. Die Mandeln und die Haselnüsse grob hacken. Mit Orangeat und Zitronat unter die Honigmischung mengen, abkühlen lassen.

Nach und nach zwei Drittel des Mehls sowie die Pottasche dazusieben. Das Kirschwasser ebenfalls dazugeben. Das restliche Mehl auf die Arbeitsfläche sieben. Die Teigmasse rasch darauf verkneten. Den Teig halbieren und zu 2 so großen Rechtecken ausrollen, dass diese genau auf 2 Backbleche passen. Über Nacht ruhen lassen.

Am nächsten Tag im auf 175 °C vorgeheizten Ofen 15–20 Minuten backen. Sofort nach dem Herausnehmen mit einem spitzen Messer tief zu rechteckigen Leckerli ein-, aber nicht durchschneiden.

Eine Zuckerglasur herstellen und die Plätzchen damit bestreichen. Erst dann die Leckerli ganz auseinanderschneiden und trocknen lassen.

Bieten Sie das Gebäck Ihren Gästen zu Weihnachten auf Basler Art an: mit einem Glas „Hypokras", einem mit Zucker und Gewürzen wie Zimt, Nelken und Muskat aromatierten süßen Wein.

Berliner Brot

125 g Butter, 2 Eier, 125 g brauner Zucker,
250 g Mehl, 1/2 Päckchen Backpulver,
2 EL Kakao oder 75 g geriebene Schokolade,
1 TL Zimt, Rumaroma,
1/2 TL gemahlener Kardamom,
1/2 TL gemahlene Nelken,
125 g Mandeln (mit Schale)
Außerdem: Fett für das Blech,
1 Eiweiß zum Bestreichen,
Zuckerglasur (Rezept S. 19)

Butter, Eier und Zucker schaumig rühren. Mehl, Backpulver, Kakao oder Schokolade, Zimt, Rumaroma und Gewürze untermischen. Die Mandeln ungeschält in Stücke oder Scheiben schneiden und dazugeben. Die Masse fingerdick auf ein gefettetes Backblech streichen, mit verquirltem Eiweiß bepinseln und im auf 160–175 °C vorgeheizten Ofen 45–60 Minuten backen. Herausnehmen und leicht abkühlen lassen.

Eine Zuckerglasur herstellen und das noch warme Gebäck damit bestreichen. In fingerlange, 1–2 Zentimeter dicke Streifen schneiden. Die Stücke erst voneinander trennen, wenn sie vollständig ausgekühlt sind.

- Berliner Brot muss einige Tage lagern, erst dann schmeckt es so richtig gut.

- Meine Mutter mischte zusätzlich noch 65 Gramm Apfelkraut unter den Teig.

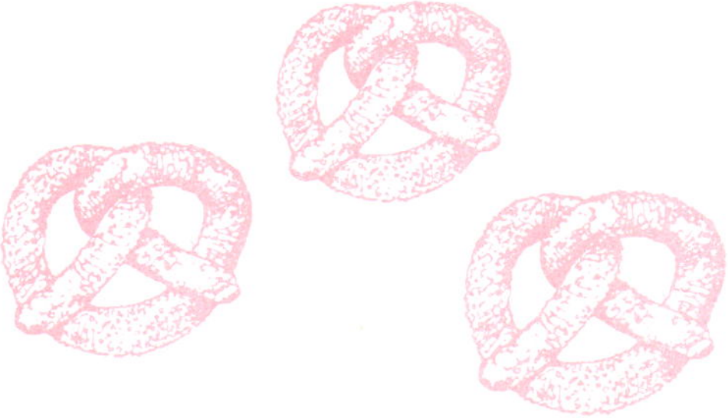

Brezelchen

250 g Butter, 125 g Zucker (feinste Körnung oder Puderzucker), 3 Eigelb, einige Tropfen Butter-Vanille-Aroma, 500 g Mehl
Für die Glasur: 125 g Puderzucker, etwas Rum oder frischer Orangensaft

Alle angegebenen Teigzutaten rasch verkneten, in Frischhaltefolie wickeln und 1 Stunde in den Kühlschrank legen. Zu schmalen Rollen formen. Scheiben davon abschneiden und diese zu dünnen Würsten rollen. Zu Brezelchen formen, auf ein mit Backpapier ausgelegtes Backblech verteilen und im auf 175–200 °C vorgeheizten Ofen goldgelb backen. Herausnehmen und auskühlen lassen. Puderzucker, Rum oder Orangensaft zu einer Glasur verrühren und die Brezelchen damit überziehen.

Buttergebäck oder Mailänderli

„Die Engel im Himmel backen Plätzchen“, so sagen wir angesichts eines rot glühenden Abendhimmels in der Vorweihnachtszeit. Die Kinder betrachten ihn staunend, und es bedarf keiner großen Überredungskünste, um sie aktiv an den Backvorbereitungen zu beteiligen. Bereiten Sie als Erwachsene den Teig zu und rollen Sie ihn aus. Das Ausstechen mit schönen weihnachtlichen Motiven sowie das Bemalen und Dekorieren der Plätzchen besorgen Ihre Kinder dann sicherlich mit viel Fantasie und Begeisterung.

500 g Mehl, 250 g Butter, 250 g Zucker,
2 Eier, abgeriebene Schale von
1 unbehandelten Zitrone, einige Tropfen
Butter-Vanille-Aroma nach Belieben
Zum Verzieren: Orangen- oder Zitronensaft,
Puderzucker, Liebesperlen, Mandeln,
Schokoladenstreusel
Außerdem: Mehl für die Arbeitsfläche

Aus den angegebenen Zutaten einen Teig kneten. Diesen in Frischhaltefolie wickeln und 2 Stunden im Kühlschrank ruhen lassen.

Auf einer bemehlten Arbeitsfläche dünn ausrollen und mit verschiedenen Förmchen Herzen, Sterne, Tannenbäumchen etc. ausstechen. Auf ein mit Backpapier ausgelegtes Backblech legen und im auf 175 °C vorgeheizten Ofen hell backen, herausnehmen.

Für die Glasur so viel Zitronen- oder Orangensaft in den Puderzucker rühren, dass er dick streichfähig ist. Die übrigen Zutaten zum Verzieren in den noch weichen Guss drücken.

- Selbstverständlich können Sie anstelle des Zuckergusses auch geschmolzene Kuvertüre verwenden.

Konditortütchen

Diese Tütchen werden mancherorts auch Zuckerbäckertütchen genannt. Die Zuckerbäcker des Mittelalters hatten – wie jede Zunft – ihre eigene Tracht. Unter anderem trugen sie am Gürtel rundherum viele spitze, tütenförmige Taschen, die mit allerlei süßem Naschwerk gefüllt waren. Wohl von ihnen wie von den vielen köstlichen Dingen, die in die Tütchen miteingebacken werden, erhielten sie ihren Namen.

Für den Teig: 250 g Mehl, 150 g Butter,
125 g Zucker, 1 Eigelb, 1 EL saure Sahne,
abgeriebene Schale von 1 unbehandelten Zitrone
Für die Füllung: 50 g Marzipanrohmasse,
50 g Kurpflaumen ohne Stein,
50 g getrocknete Aprikosen,
50 g getrocknete Apfel- und Birnenringe,
1 TL Zimt, 1 EL Orangeat, 1 EL Zitronat,
50 g gehackte Mandeln,
50 g gehackte Haselnüsse, 2 EL Rosinen,
einige Löffel Preiselbeerkompott und Sahne
Außerdem: Mehl für die Arbeitsfläche,
1 Ei zum Bestreichen

Aus den für den Teig angegebenen Zutaten einen geschmeidigen Knetteig herstellen. In Frischhaltefolie wickeln und 1 Stunde kühl stellen.

Die Marzipanrohmasse und die Trockenfrüchte sehr fein würfeln. Mit Zimt, Orangeat, Zitronat, Mandeln, Nüssen und Rosinen vermischen. So viel Kompott und Sahne zugeben, dass eine homogene Masse entsteht; sie darf auf keinen Fall zu „nass" sein.

Den Teig auf einer bemehlten Arbeitsfläche ausrollen. Runde Plätzchen ausstechen und in 2 gleich große Hälften teilen. In der Mitte jeweils mit etwas Füllung belegen und zu Tüten aufrollen. Das Ei trennen. Die Tütenränder mit verschlagenem Eiweiß bestreichen und fest zusammendrücken. Die Tütchen auf ein mit Backpapier ausgelegtes Backblech legen, mit verquirltem Eigelb bestreichen und im auf ca. 175 °C vorgeheizten Ofen goldbraun backen.

Dominosteine

Für den Teig: 125 g Butter, 100 g Zucker,
1 Päckchen Vanillezucker, 2 Eier, 150 g Mehl,
50 g Speisestärke, 1 Päckchen Backpulver,
abgeriebene Schale von 1 unbehandelten
Orange, 50 g Mandeln,
3 TL Edelkakao, 4 EL Milch
Für die Geleefüllung: 1/2 Glas Johannisbeergelee
Für die Marzipanfüllung: 200 g Marzipanrohmasse,
2 TL Rum, 100 g Puderzucker
Außerdem: 500 g dunkle Schokoladenglasur
(Fertigprodukt), 2 EL Puderzucker,
einige Tropfen Zitronensaft

In einer Schüssel aus den für den Teig angegebenen Zutaten (mit Ausnahme des Kakaos) einen weichen, lockeren Teig rühren und in 2 Hälften teilen. Die eine Hälfte mit dem Kakao vermischen. Den hellen Teig auf ein mit Backpapier ausgelegtes Backblech streichen. Das Papier an der offenen Blechseite hochknicken. Den dunklen Teig auf ein zweites mit Backpapier ausgelegtes Blech streichen und auch hier das Backpapier an der Vorderseite hochknicken. Beide Bleche im auf 200 °C vorgeheizten Ofen etwa 10 Minuten backen. Herausnehmen und auskühlen lassen.

Für die Geleefüllung in einem Topf das Johannisbeergelee erwärmen und die Hälfte davon auf den hellen Teig streichen.

Für die Marzipanfüllung die Marzipanrohmasse mit Rum und der Hälfte des Puderzuckers verkneten. Auf dem restlichen Puderzucker in Blechgröße ausrollen. Die Platte auf die erste Geleeschicht legen und mit dem restlichen Gelee bestreichen. Die dunkle Teigplatte auflegen und leicht andrücken. Das Gebäck in Rechtecke von ca. 2 1/2 x 5 Zentimeter schneiden.

Die Schokoladenglasur im Wasserbad erwärmen. Die Dominosteine damit überziehen. Den restlichen Schokoguss in eine spitze Pergamenttüte füllen, eine kleine Spitze abschneiden und die Rechtecke mit einem dünnen Schokostreifen in 2 Quadrate unterteilen. Den Puderzucker mit dem Zitronensaft zu einem dicken Guss verrühren. Auch diesen in eine spitze Pergamenttüte füllen, eine kleine Spitze abschneiden und nach dem Vorbild von Dominosteinen jeweils 1–6 kleine Punkte auf die Quadrate spritzen.

Englische Ingwerschnitten

200 g Mehl, 1 TL Backpulver, 100 g Zucker,
100 g Butter, 100 g Orangeat,
abgeriebene Schale von 1 unbehandelten Orange,
2 klein gehackte kandierte Ingwerpflaumen,
1 TL Ingwerpulver, 1 Msp. Zimt,
1 Msp. Salz, 2 Eier, 100 g Honig
Außerdem: Mehl für die Arbeitsfläche,
Fett für das Blech

Aus den angegebenen Zutaten mit Ausnahme des Honigs einen Knetteig herstellen und auf einer bemehlten Arbeitsfläche dick ausrollen. Auf ein gefettetes Backblech legen, mit erwärmtem Honig bestreichen und in den auf 220 °C vorgeheizten Ofen schieben. 10 Minuten backen, dann den Ofen ausschalten und das Gebäck 15 Minuten darin ruhen lassen; den Ofen während dieser Zeit nicht öffnen. Das Gebäck abkühlen lassen und dann in 1 Zentimeter breite und 4–5 Zentimeter lange Schnitten teilen.

Florentiner Mürbchen

Für den Teig: 1 Rezept Buttergebäck (Rezept S. 26)
Für die Mandelmasse: 40 g Butter,
200 g Zucker oder Honig,
1 TL Vanillezucker, 200 g Mandelstifte,
1 TL Zimt, abgeriebene Schale von
1 unbehandelten Orange, 2 EL Sahne
Außerdem: Mehl für die Arbeitsfläche,
dunkle Schokoladenglasur (Fertigprodukt)

Aus den angegebenen Zutaten einen Mürbeteig kneten. Diesen in Frischhaltefolie wickeln und 2 Stunden im Kühlschrank ruhen lassen.

Inzwischen für die Mandelmasse in einem Topf Butter, Zucker oder Honig und Vanillezucker schmelzen. Die Mandelstifte, den Zimt und die Orangenschale untermengen. Mit der Sahne leicht binden.

Den Mürbeteig auf einer bemehlten Arbeitsfläche nicht zu dünn ausrollen und kleine runde Plätzchen daraus ausstechen. Auf ein mit Backpapier ausgelegtes Backblech legen. Von der Mandelmasse kleine Häufchen abstechen, auf die Plätzchen setzen und leicht flach drücken. Im auf 200 °C vorgeheizten Ofen 10–15 Minuten backen. Herausnehmen und auf dem Backblech auskühlen lassen.

Die Schokoladenglasur im heißen Wasserbad schmelzen und die Unterseite der Plätzchen damit bestreichen. Die Glasur trocknen lassen und die Mürbchen in gut schließenden Dosen aufbewahren.

Friesenkekse

500 g Mehl, 250 g Butter, 150 g feinster Zucker,
einige Tropfen Butter-Vanille-Aroma,
2 Eier, Hagelzucker

Mehl, Butter, Zucker, Vanillearoma und Eier rasch zu einem weichen Teig verkneten. Zu 2–3 Zentimeter dicken Rollen formen und diese in Hagelzucker wälzen. Den Teig in Frischhaltefolie wickeln und 1 Stunde kühl stellen. Danach die Rollen in Scheiben schneiden. Auf ein mit Backpapier ausgelegtes Backblech verteilen und im auf 175 °C vorgeheizten Ofen hell backen.

Gewürzschnitten

125 g Butter, 1 Ei, 75 g Zucker,
1 Prise gemahlene Nelken, 1 Prise Zimt,
1 Prise Muskat, abgeriebene Schale von
1 unbehandelten Zitrone,
125 g Mehl, 100 g gemahlene Mandeln,
60 g sehr fein zerstoßene Zwiebäcke
Außerdem: Mehl für die Arbeitsfläche,
Glasuren und Dekoration wie beim Buttergebäck
(Rezept S. 26)

Alle angegebenen Zutaten rasch zu einem Mürbeteig verkneten und auf einer bemehlten Arbeitsfläche dünn ausrollen. In 2 x 8 Zentimeter lange Streifen schneiden. Die Schnitten auf ein mit Backpapier ausgelegtes Backblech verteilen und im auf 200 °C vorgeheizten Ofen braun backen. Nach Belieben wie beim Buttergebäck vorgeschlagen verzieren.

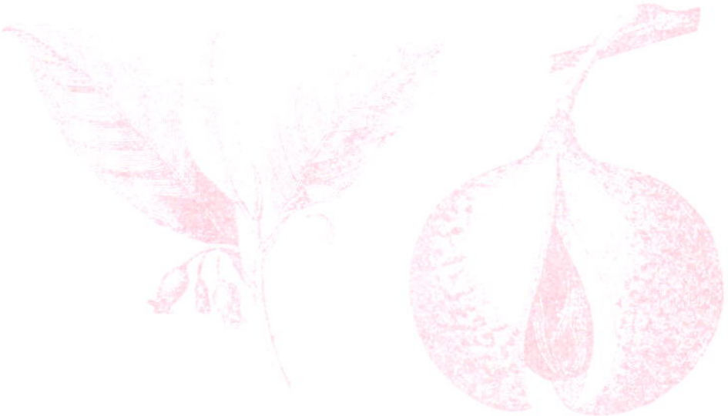

Herrenhuter Herzen

Für den Teig: 400 g Mehl, 250 g Butter,
2 Eier, 200 g Zucker
Für die Glasur: 250 g Puderzucker,
2 Päckchen Vanillezucker, 2 EL Zitronensaft,
1 TL roter Einmachzucker (ersatzweise roter
Fruchtsaft mit Puderzucker),
einige geschälte Mandeln
Außerdem: Mehl für die Arbeitsfläche

Die angegebenen Zutaten rasch zu einem glatten Teig verkneten. In Frischhaltefolie wickeln und im Kühlschrank 2 Stunden ruhen lassen.

Auf einer bemehlten Arbeitsfläche 1/2 Zentimeter dick ausrollen. Mit Herzchenformen kleine Plätzchen ausstechen. Auf ein mit Backpapier ausgelegtes Backblech legen und im auf 200 °C vorgeheizten Ofen ca. 15 Minuten goldgelb backen.

Für die Glasur Puderzucker, Vanillezucker und Zitronensaft zu einem dicken Brei verrühren. Jedes Plätzchen zur Hälfte damit bestreichen. In den restlichen Guss den roten Einmachzucker einrühren und die zweite Hälfte der Herzen damit bestreichen. Je 1/2 Mandel in den noch feuchten Guss drücken.

Ischler Plätzchen

500 g Mehl, 1 Päckchen Backpulver, 250 g Zucker,
250 g Butter, 2 Päckchen Vanillezucker oder
einige Tropfen Butter-Vanille-Aroma,
1 Prise Salz, 2 Eier
Außerdem: Mehl für die Arbeitsfläche,
1 Glas Aprikosenmarmelade (echt österreichisch:
Marillenmarmelade), Puderzucker

Aus den angegebenen Zutaten einen glatten Teig kneten. In Frischhaltefolie wickeln und 2 Stunden kühl stellen. Auf einer bemehlten Arbeitsfläche dünn ausrollen und runde Plätzchen ausstechen. Die Hälfte der Plätzchen mithilfe eines kleinen runden Ausstechers mit einem Loch in der Mitte versehen.

Im auf 200 °C vorgeheizten Ofen hellbraun backen. Herausnehmen und die Plätzchen ohne Loch noch warm mit glatt gerührter Aprikosenmarmelade bestreichen. Die Ringe rasch mit Puderzucker bestäuben und auf die mit Marmelade bestrichenen Plätzchen setzen. Gut auskühlen lassen.

- Wenn Sie die Plätzchen in Dosen füllen, ist es ratsam, zwischen jede Lage etwas Alufolie bzw. Pergamentpapier zu legen, damit der Puderzucker und die Marmelade nicht verkleben.

- Wenn Sie rote „Augen“ in den Plätzchen bevorzugen, dann füllen Sie sie z. B. mit Erdbeer- oder Kirschmarmelade.

Kokosplätzchen

Zum besseren Gelingen der Plätzchen sind ein paar Worte vorweg nötig: Die Festigkeit der Plätzchen richtet sich nach der Wassermenge. Je mehr Wasser Sie einarbeiten, desto weiter laufen die Plätzchen beim Backen auseinander. Sie sind dann aber auch besonders dünn und zart. Deshalb backen Sie am besten ein Plätzchen vor, um zu sehen, in welchem Abstand Sie die Teighäufchen auf das Blech setzen müssen, damit sie nicht aneinanderbacken.

1 Tasse Mehl, 1 Päckchen Backpulver,
3 Tassen Kokosflocken, 1 Tasse zarte Haferflocken,
2 Tassen Zucker, 2 Päckchen Vanillezucker,
2 Eier, 140 g Butter, 2–3 EL Wasser

Das Mehl mit dem Backpulver vermischen. Danach alle übrigen Zutaten damit verrühren. Kleine Häufchen auf ein mit Backpapier ausgelegtes Backblech setzen und im auf 200 °C vorgeheizten Ofen etwa 10 Minuten backen. Die Plätzchen sind gut, wenn sie einmal „blubb“ gemacht haben. Also Achtung! Herausnehmen und ausgekühlt in gut schließenden Dosen aufbewahren. So bleiben sie lange Zeit frisch und kross.

Makrönchen

Vielfältig sind die Rezepturen für Makronen: aus Eischnee, mit Nüssen oder Mandeln, Kakao oder Kokosflocken, auf Backoblaten gesetzt oder auch auf Mürbeteig! Mein Lieblingsrezept stammt von meiner Mutter:

125 g Zucker, 1 Päckchen Vanillezucker, 60 g Butter,
1 Ei, einige Tropfen Rumaroma und Bittermandelöl,
125 g Mehl, 2 TL Backpulver, 1 EL Milch,
250 g Kokosraspel

Alle Zutaten zu einem geschmeidigen Teig verrühren. Mit 2 Teelöffeln kleine Häufchen, nicht zu dicht, auf ein mit Backpapier ausgelegtes Backblech setzen und im auf 200 °C vorgeheizten Ofen etwa 10 Minuten hellbraun backen.

Mandelbrötchen

250 g Butter, 120 g Puderzucker,
100 g Marzipanrohmasse, 1 Ei,
100 g gemahlene Mandeln, 175 g Mehl,
175 g Speisestärke
Außerdem: Mehl für die Arbeitsfläche,
Puderzucker zum Bestreuen

Alle angegebenen Zutaten rasch zu einem weichen Teig verkneten. In Frischhaltefolie wickeln und 2 Stunden in den Kühlschrank legen.

Auf einer bemehlten Arbeitsfläche 2 Zentimeter dicke Rollen aus dem Teig formen. In etwa 2 Zentimeter dicke Scheiben schneiden. Jede Scheibe zu einer Kugel formen und etwas flach drücken. Mit einer Gabel Rillen in die Oberfläche ziehen. Im auf 200 °C vorgeheizten Ofen sehr hell backen. Danach dick mit Puderzucker bestäuben.

Nach Belieben geschälte und halbierte Mandeln in die Brötchen drücken.

Mandelmakronen

3 EL Milch, 200 g geschälte gemahlene Mandeln,
200 g Zucker, 2 Päckchen Vanillezucker, 2 Eiweiß
Außerdem: 30 Backoblaten (6 cm Durchmesser),
Hagelzucker zum Bestreuen

Milch, Mandeln, Zucker und Vanillezucker so lange unter ständigem Rühren erwärmen, bis der Zucker geschmolzen ist. Doch Vorsicht: Die Masse darf nicht kochen! Danach auskühlen lassen.

Die Eiweiße zu steifem Schnee schlagen und esslöffelweise unter die Masse heben. Mit 2 Teelöffeln kleine Häufchen auf die Oblaten setzen, mit Hagelzucker bestreuen und im auf 175 °C vorgeheizten Ofen ca. 20 Minuten hell backen. Auf dem Blech abkühlen lassen.

- Es sieht hübsch aus, wenn Sie vor dem Backen in die Teigmitte eine kleine Delle drücken und Johannisbeermarmelade einfüllen.

- Wenn Sie kleinere Plätzchen bevorzugen, müssen Sie entsprechend mehr kleine Oblaten einrechnen.

Marzipangebäck

50 g Butter, 250 g Marzipanrohmasse,
150 g Puderzucker, 3 EL Sahne,
3 Eiweiß, 100 g Mehl
Außerdem: gehackte Pistazien, Mandeln
oder Hagelzucker zum Bestreuen

Die Butter in einem Topf schmelzen und wieder abkühlen lassen. Marzipan, Puderzucker und Sahne verrühren. Die Eiweiße nach und nach dazugeben und so lange rühren, bis ein glatter Teig entstanden ist. Das Mehl und die abgekühlte, aber noch flüssige Butter einarbeiten. Mit Abstand kleine Häufchen auf ein mit Backpapier ausgelegtes Backblech setzen und etwas flach drücken. Mit Pistazien, Mandeln oder Hagelzucker bestreuen. Im auf 200 °C vorgeheizten Ofen 10 Minuten backen.

Man kann auch jeweils 2 Plätzchen mit etwas Nougat oder Schokoguss zusammensetzen.

Marzipanstangen und -kränze

250 g Marzipanrohmasse,
200 g Butter, 125 g Zucker,
1 Päckchen Vanillezucker, 1 Ei,
1/2 TL abgeriebene Schale von
1 unbehandelten Zitrone
(oder einige Tropfen Zitronenaroma)
250 g Mehl, 100 g Speisestärke
Außerdem: Schokoladenglasur (Fertigprodukt)

Die Marzipanrohmasse mit den übrigen Zutaten zu einer geschmeidigen Masse verrühren. Diese in einen Spritzbeutel füllen und damit 5–6 Zentimeter lange Stangen oder kleine Kränze auf ein mit Backpapier ausgelegtes Backblech spritzen. Im auf 200 °C vorgeheizten Ofen etwa 10 Minuten hellbraun backen. Herausnehmen und abkühlen lassen.

Die Schokoladenglasur im Wasserbad erwärmen. Die Enden oder eine Hälfte der Stangen bzw. Kränze hineintauchen. Auf einem Backgitter trocknen lassen.

Nussplätzchen

Für den Teig: 250 g Mehl,
125 g Butter, 65 g Zucker, 1 Ei,
abgeriebene Schale von 1 unbehandelten Zitrone,
2 EL gemahlene Haselnüsse,
1/2 Glas Orangenmarmelade
Für den Belag: 50 g Butter, 125 g Zucker,
1 Päckchen Vanillezucker, 3 EL Wasser,
100 g gehackte Mandeln,
150 g gemahlene Haselnüsse
Außerdem: Mehl für die Arbeitsfläche,
Schokoladenglasur (Fertigprodukt)

Aus den angegebenen Zutaten mit Ausnahme der Orangenmarmelade rasch einen Knetteig herstellen. Auf einer bemehlten Arbeitsfläche dünn ausrollen und runde Plätzchen ausstechen. Auf ein mit Backpapier ausgelegtes Backblech legen und mit der Orangenmarmelade bestreichen.

Für den Belag in einem Topf die Butter leicht schmelzen und die übrigen Zutaten einrühren. Von dieser Masse jeweils 1 Teelöffel auf jedes Plätzchen häufen. Im auf 225 °C vorgeheizten Ofen 15 Minuten backen. Herausnehmen und abkühlen lassen. Die Schokoladenglasur im Wasserbad erwärmen und die Plätzchen damit bestreichen.

Nusstaler

375 g Mehl, 125 g Speisestärke,
1 Päckchen Backpulver, 250 g Zucker,
1 Päckchen Vanillezucker, 2 Eier,
250 g grob gehackte Haselnüsse,
einige Tropfen Bittermandel-Aroma,
250 g Butter
Außerdem: Hagelzucker zum Wälzen

Alle angegebenen Zutaten zu einem glatten Teig verkneten und zu einer 2–3 Zentimeter dicken Rolle formen. In Hagelzucker wälzen, in Frischhaltefolie wickeln und kalt stellen. Die Rolle in 1/2 Zentimeter dicke Taler schneiden und auf ein mit Backpapier ausgelegtes Backblech legen. Im auf 200 °C vorgeheizten Ofen 10–15 Minuten hell backen.

Am besten lassen sich die Taler mit einem elektrischen Messer schneiden. Sollten die Nüsse dabei trotzdem sperrig sein und den Teig aufreißen, so drückt man ihn einfach wieder in Form.

Rahmkränze

250 g Mehl, 150 g Butter,
1/8 l saure Sahne, 1 Prise Salz
Außerdem: Mehl für die Arbeitsfläche,
Eigelb zum Bestreichen, Hagelzucker,
Zimt und gehackte Mandeln
zum Bestreuen

Mehl, Butter, saure Sahne und Salz rasch zu einem Knetteig verarbeiten. Den Teig auf einer bemehlten Arbeitsfläche dünn ausrollen und mit zwei unterschiedlich großen runden Förmchen zu Kränzen ausstechen. Mit verquirltem Eigelb bepinseln und mit Hagelzucker, Zimt und gehackten Mandeln bestreuen. Im auf 160–175 °C vorgeheizten Ofen goldgelb backen.

Die Kränze erhalten durch den Rahm eine blätterteigähnliche Struktur. Ohne Hagelzucker sind sie ein ideales Diabetikergebäck.

Sandgebäck

200 g Butter, 80 g Puderzucker,
20 g Vanillezucker, 4 Eigelb, 225 g Mehl
Für die Glasur: dunkle Schokoladenkuvertüre

Butter, Puderzucker und Vanillezucker schaumig schlagen. Nach und nach die Eigelbe unterrühren. Dann das Mehl einarbeiten.

2 Backbleche mit Pergamentpapier auslegen. Den Teig in einen Spritzbeutel mit weiter Tülle füllen und mit Abstand Halbmonde, Kringel und S-Formen aufspritzen. Im auf 160 °C vorgeheizten Ofen in 10–15 Minuten goldgelb backen.

Herausnehmen und auf einem Kuchengitter auskühlen lassen. Die Kuvertüre im Wasserbad schmelzen, die Enden des Sandgebäcks hineintauchen und auf dem Kuchengitter trocknen lassen.

Für dieses Rezept bitte kein Backpapier verwenden, da das Gebäck sonst beim Backen auseinanderläuft.

Schwarz-Weiß-Gebäck

250 g Mehl, 150 g Zucker,
1 Päckchen Vanillezucker, 150 g Butter, 1 Ei,
20 g dunkler Kakao, 1 EL Milch
Außerdem: Mehl für die Arbeitsfläche, 1 Eiweiß

Aus Mehl, Zucker, Vanillezucker, Butter und Ei rasch einen Knetteig herstellen und in 2 gleich große Hälften teilen. In die eine Hälfte den Kakao und die Milch einarbeiten. Beide Teige getrennt in Frischhaltefolie wickeln und 1 Stunde kühl stellen.

Für Plätzchen mit Schachbrettmuster zunächst jeweils ein Drittel des hellen und dunklen Teigs abnehmen. Auf einer bemehlten Arbeitsfläche aus den beiden übrigen Teigen je 4 gleich lange und dicke viereckige Stangen formen. Das erreicht man am besten, wenn man sie zwischen 2 entsprechend hohe Holzleisten legt und dann ausrollt. Jeweils zwei dunkle und zwei helle Teigstangen mit verquirltem Eiweiß bepinseln und schachbrettartig zusammensetzen. Die beiden beiseitegelegten Teigdrittel zu passend großen Teigplatten ausrollen und jeweils eine der beiden zusammengesetzten Teigrollen damit umwickeln. Dann in Frischhaltefolie hüllen und etwa 3 Stunden in den Kühlschrank legen.

Für Plätzchen mit Spiralmuster rollt man beide Teigsorten zu gleich großen Platten aus, bestreicht sie mit verquirltem Eiweiß und legt sie aufeinander. Danach rollt man sie von der Längsseite auf. Ebenfalls in Frischhaltefolie gewickelt gut durchkühlen lassen.

Man kann den Teig aber auch so zusammensetzen: Zwei Drittel des Teiges zu Rollen formen. Den übrigen Teig flach ausrollen. Die Rollen mit Eiweiß bestreichen und in eine Platte mit der jeweils anderen Farbe wickeln. In Folie gewickelt kühl stellen.

Dunkle und helle Teigreste zusammenkneten, bis ein marmorartiges Muster entstanden ist, zu einer Rolle formen und ebenfalls kühlen.

Das Gebäck mit Schachbrett-, Spiral- oder Marmormuster in 1/2 Zentimeter dicke Scheiben schneiden, auf ein mit Backpapier ausgelegtes Blech legen und im auf 180 °C vorgeheizten Ofen 12–15 Minuten backen.

Schweizer Nusstaler

250 g Butter, 100 g gehackte Haselnüsse,
125 g Puderzucker, 2 TL Vanillezucker, 3 Eigelb,
375 g Mehl, 125 g Speisestärke
Außerdem: Mehl für die Arbeitsfläche

Die Hälfte der Butter in einer Pfanne zerlassen. Die gehackten Nüsse darin rösten. Zum Auskühlen beiseitestellen.

Die restliche Butter mit Puderzucker und Vanillezucker schaumig rühren. Nach und nach die Eigelbe unterrühren. Mehl und Speisestärke vermischen und mit der ausgekühlten Butter-Nuss-Mischung einarbeiten, bis ein geschmeidiger Teig entstanden ist. In Frischhaltefolie wickeln und 2 Stunden kühl stellen.

Auf einer bemehlten Arbeitsfläche zu Rollen formen oder zu 1/2 Zentimeter dicken Platten ausrollen. Von den Rollen 1/2 Zentimeter dicke Scheiben abschneiden oder aus der Teigplatte mit verschieden großen runden Förmchen Plätzchen ausstechen. Auf ein mit Backpapier ausgelegtes Blech legen und im auf 200 °C vorgeheizten Ofen etwa 10 Minuten backen.

Mit ein paar Tropfen Rum- oder Arrakaroma können Sie dem Teig eine interessante Geschmacksnuance verleihen.

Skandinavisches Weihnachtsgebäck

Diese Gebäckringe eignen sich besonders gut als Weihnachtsbaumschmuck. Ziehen Sie hübsche Bänder durch die Ringe und binden Sie sie zu kleinen Schleifen.

2 hart gekochte Eigelb, 2 frische Eigelb,
150 g Puderzucker, 1 Päckchen Vanillezucker,
Saft und abgeriebene Schale von 1/2 unbehandelten
Zitrone, 250 g Butter, 300 g Mehl
Außerdem: 1 EL Milch, 2 Eigelb zum Bestreichen,
Hagelzucker und Nonpareilles (winzige bunte
Zuckerperlen) zum Bestreuen

Die hart gekochten Eigelbe durch ein feines Sieb streichen. Frische Eigelbe, Puderzucker, Vanillezucker, Zitronensaft und -schale sorgfältig damit verrühren. Dann die Butter einarbeiten. Zum Schluss das Mehl unterheben und verkneten. Den Teig zu einer Kugel formen, in Frischhaltefolie wickeln und für 1 Stunde in den Kühlschrank legen.

Walnussgroße Stücke abstechen und zu kleinen Würsten rollen. Diese zu einem Ring formen und die Enden fest zusammendrücken. Auf ein mit Backpapier ausgelegtes Backblech setzen, Milch und Eigelbe verschlagen und die Ringe damit bestreichen. Wahlweise mit den dafür vorgeschlagenen Zutaten bestreuen. Im auf 200 °C vorgeheizten Ofen etwa 15 Minuten backen.

Spritzgebäck

250 g Butter, 200 g Zucker,
1 Päckchen Vanillezucker, 2 Eier,
1 Prise Salz, 250 g Speisestärke,
250 g Mehl, 1 TL Backpulver
Außerdem: dunkle Schokoladenglasur
(Fertigprodukt)

Butter, Zucker und Vanillezucker schaumig rühren. Mit Eiern und Salz weiß-schaumig schlagen. Speisestärke, Mehl und Backpulver vermischen und esslöffelweise zum Teig geben. In einen Spritzbeutel mit großer Sterntülle oder in den Fleischwolf mit Spritzgebäck-Vorsatz füllen und Formen wie Schleifen, Stangen, Kringel und S-Plätzchen mit Abstand auf ein mit Backpapier ausgelegtes Backblech spritzen. Im auf 200 °C vorgeheizten Ofen 15 Minuten backen. Die Schokoladenglasur im Wasserbad schmelzen. Das Gebäck mit den Enden hineintauchen.

Besonders lecker schmeckt das Spritzgebäck, wenn Sie zusätzlich 100 Gramm gemahlene Mandeln unter den Teig mischen. Wird er zu fest, können Sie ein paar Löffel Milch zufügen.

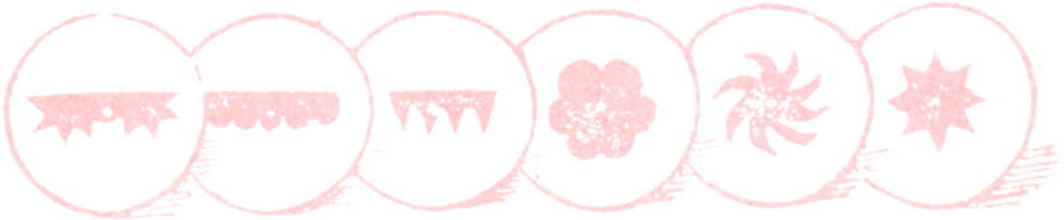

Terrassengebäck

250 g Mehl, 125 g Butter,
65 g feiner Zucker, 1 Ei, abgeriebene Schale
von 1 unbehandelten Zitrone,
einige Tropfen Zitronensaft
Außerdem: Mehl für die Arbeitsfläche,
Aprikosenkonfitüre oder Johannisbeergelee,
Puderzucker

Aus den angegebenen Zutaten einen Knetteig formen, in Frischhaltefolie wickeln und 30 Minuten kühl stellen. Auf einer bemehlten Arbeitsfläche dünn ausrollen. Runde gezackte Plätzchen in 3 Größen ausstechen. Auf ein mit Backpapier ausgelegtes Backblech legen und im auf 180 °C vorgeheizten Ofen goldgelb backen. Nach dem Erkalten jeweils die größten und zweitgrößten Plätzchen mit Konfitüre oder Gelee bestreichen und alle 3 Größen terrassenförmig aufeinandersetzen. Dick mit Puderzucker bestäuben.

Thoma-Brötchen

150 g Butter, 250 g Zucker,
1 Päckchen Vanillezucker, 3 Eier,
4 Tropfen Zitronenaroma, 300 g Mehl,
75 g Speisestärke, 1 TL Backpulver, 3 EL Milch,
je 50 g gehackte Mandeln und Korinthen,
50 g Zitronat oder Orangeat

Butter, Zucker und Vanillezucker schaumig schlagen. Eier und Zitronenaroma einrühren. Mehl, Speisestärke sowie Backpulver vermischen und abwechselnd mit der Milch einarbeiten. Der Teig soll schwer reißend vom Kochlöffel fallen. Zum Schluss Mandeln, Korinthen und Zitronat oder Orangeat unterkneten. Mit 2 Teelöffeln kleine Häufchen auf ein mit Backpapier ausgelegtes Backblech setzen und im auf 200 °C vorgeheizten Ofen goldbraun backen.

Vanillekipferl

250 g Mehl, 75 g Speisestärke,
125 g gemahlene Mandeln, 70 g Zucker,
200 g weiche Butter, 2 Eigelb
Außerdem: Mehl für die Arbeitsfläche,
3–4 Päckchen Vanillezucker

Aus Mehl, Speisestärke, Mandeln, Zucker, Butter und Eigelben rasch einen Mürbeteig kneten und auf einer bemehlten Arbeitsfläche zu einer 5–6 Zentimeter dicken Rolle formen. In Frischhaltefolie hüllen und 30 Minuten im Kühlschrank ruhen lassen.

Die Rolle in 1 Zentimeter dicke Scheiben schneiden und zu Hörnchen formen. Auf ein mit Backpapier ausgelegtes Backblech legen und im auf 175 °C vorgeheizten Ofen 10–15 Minuten hell backen, herausnehmen. Den Vanillezucker auf einen Teller geben und die Kipferl darin wenden.

Zedernbrot

2 Eiweiß, 300 g Puderzucker,
1 Päckchen Vanillezucker, Saft und abgeriebene
Schale von 1/2 unbehandelten Zitrone,
1/2 Fläschchen Bittermandel-Aroma,
500 g gemahlene Mandeln
Für die Glasur: 125 g Puderzucker,
3 EL Zitronensaft oder Kirschwasser

Die Eiweiße zu steifem Schnee schlagen, dabei Puderzucker und Vanillezucker einrieseln lassen. Zitronensaft und -schale sowie Mandelaroma zugeben. Zum Schluss 300 Gramm gemahlene Mandeln unterheben. Die restlichen Mandeln auf ein Backbrett streuen und den Teig darauf 5 Millimeter dick ausrollen. Sterne ausstechen. Diese auf ein mit Backpapier ausgelegtes Backblech setzen. Im auf 160 °C vorgeheizten Ofen 20 Minuten backen.

Die Plätzchen auf dem Blech erkalten lassen. Den Puderzucker mit dem Zitronensaft oder dem Kirschwasser zu einem dicken Brei anrühren und die Plätzchen damit bestreichen.

Zigeunerschnitten

180 g Kurpflaumen ohne Stein,
180 g getrocknete Aprikosen, 2 Eier,
150 g Zucker, 80 g zerlassene und
abgekühlte Butter, 250 g Mehl,
1 TL Backpulver, 200 g gemahlene Haselnüsse,
100 g Rosinen, 2 TL Zimt,
4 EL geriebene Schokolade
Für die Glasur: 125 g Puderzucker,
einige Tropfen Kirschwasser

Pflaumen und Aprikosen klein würfeln. Eier, Zucker und Butter schaumig rühren. Mehl und Backpulver vermischen. Alle übrigen Zutaten nach und nach einarbeiten. Den Teig auf ein mit Backpapier ausgelegtes Backblech streichen und im auf 200 °C vorgeheizten Ofen 15 Minuten backen. Noch warm in schmale Streifen schneiden. Puderzucker und Kirschwasser zu einem dicken Brei verrühren und die Schnitten damit bestreichen. Auf dem Blech auskühlen lassen.

Zitronenbrezelchen

125 g Butter, 2 Eigelb, 125 g Zucker,
150 g Mehl, 50 g Speisestärke, abgeriebene Schale
und Saft von 1 unbehandelten Zitrone,
50 g fein gehacktes Zitronat
Außerdem: Mehl für die Arbeitsfläche,
1 Eigelb zum Bestreichen,
Hagelzucker zum Bestreuen

Butter, Eigelbe und Zucker schaumig rühren. Mehl und Speisestärke vermischen und nach und nach dazugeben. Alle übrigen Teigzutaten einarbeiten und alles sorgfältig verkneten.

Auf einer bemehlten Arbeitsfläche aus dem Teig eine Rolle formen und in Scheiben schneiden. Zu dünnen Würsten rollen und Brezelchen daraus formen. Auf ein mit Backpapier ausgelegtes Blech legen, mit Eigelb bestreichen und mit Hagelzucker bestreuen. Im auf 200 °C vorgeheizten Ofen 15 Minuten goldgelb backen.

Zimtsterne

4 Eiweiß, 500 g geschälte gemahlene Mandeln,
500 g Puderzucker, 2 gehäufte TL Zimt,
1 EL Kirschwasser nach Belieben
Außerdem: 1 Eiweiß und 1 EL Puderzucker
für die Glasur, Zucker zum Ausrollen

Die Eiweiße zu steifem Schnee schlagen. Weiterschlagen und rasch Mandeln, Puderzucker, Zimt und nach Belieben Kirschwasser einarbeiten. Den Teig in Frischhaltefolie wickeln und etwa 1 Stunde im Kühlschrank ruhen lassen.

Für die Glasur das Eiweiß mit dem Puderzucker zu einem dicklichen Brei verrühren. Die Arbeitsfläche mit Zucker bestreuen. Den Teig darauf 1 Zentimeter dick ausrollen, kleine Sterne ausstechen und diese mit der Glasur überziehen.

Die Sterne auf ein mit Backpapier ausgelegtes Backblech verteilen und über Nacht an einem kühlen Ort trocknen lassen.

Am nächsten Tag im auf 220 °C vorgeheizten Ofen etwa 5 Minuten backen, die Sterne sollen innen weich und außen noch ganz hell sein. Danach auskühlen lassen und in Dosen füllen.

Sie können den Zimtsternen zusätzliches Aroma verleihen, indem Sie das Backblech entweder mit Aniskörnern oder mit Vanillezucker bestreuen, bevor Sie die Zimtsterne darauf verteilen.

Gebildbrote und Kultgebäck aus Pfefferkuchen- oder Lebkuchenteig

Die wohl älteste Form des Backwerks ist – neben dem Fladen – das geformte Gebildbrot, das gleichzeitig Kultgebäck war. Schon im alten Ägypten dienten solche Brote als Grabbeigaben, die dem Toten Segen bescheren und die Götter freundlich stimmen sollten.

Der hl. Eligius (588–660) ermahnte in einer Adventspredigt seine Gläubigen, keine „lächerlichen Weibsbilder oder Tierfigürlein" zu backen. Er war um die Frömmigkeit seiner Gemeinde besorgt, denn die Symbole waren heidnischen Ursprungs. So bedeutete eine Brezel z. B. ein Sonnenrad, ein Hase stand für Leben und Fruchtbarkeit, und noch viele andere Formen symbolisierten zu Weihnachten und zum neuen Jahr Glück und Segen.

Die ältesten Model, in denen man später das Gebäck zu Bildern formte, kennen wir aus dem frühen Mittelalter. Sie waren aus Ton. Da sie aber leicht zerbrachen, ging man auf Zinn- oder Holzmodel über. Vielfältig waren die Motive, die man in die Model schnitzte. Die Skala reichte von den heidnischen Glücksbringern (Hase, Puppe, Sonnenrad), den kirchlichen Motiven (Herz, Andachtsbild, Bibelszene und Madonna) über Wappenbilder, Heiratsanzeigen, Stadtansichten bis zu sozialpolitischen Bildern, in denen teilweise sogar Unmut über die Verhältnisse des Landes bildhaft dargestellt wurde. Letzteres war, wie man sich denken kann, nicht gerade ungefährlich.

Die Kunst, Model herzustellen, brachten Frankfurter, Kölner und Nürnberger Kaufleute aus Genua und Venedig mit. Und von Landschaft zu Landschaft verschieden formte man Lebkuchen, Marzipan, Springerle oder gewürzte Mürbeteigplätzchen darin aus.

Die wohl berühmteste und auch älteste Art, Gebäcke in Modeln zu formen und dann zu backen, sind die Lebkuchen. Da sie mit Honig, einer heiligen Göttergabe, gesüßt wurden und damit als lebensspendend und heilbringend galten, übernahmen zunächst Mönche die Aufgabe des Backens und des Verkaufs. Später entwickelte sich eine spezielle Bäckerzunft, die der Lebküchner, heraus. Der Schwerpunkt der Lebkuchenbäckerei lag in der Gegend um Nürnberg.

Nürnberg, im Schnittpunkt wichtiger Handelsstraßen gelegen und von honigreichen Nadelwäldern und Heidekrautflächen umgeben, bot die besten Voraussetzungen für diese Zunft. Hinzu kam der dort florierende Handel mit orientalischen Gewürzen wie Kardamom, Muskat, Ingwer und Pfeffer. Der Pfeffer, das dominierende Gewürz der damaligen Küchenkunst, wurde zum Sammelbegriff für alle Gewürze. Entsprechend sind Pfefferkuchen also kräftig aromatisierte Gewürzkuchen, die durchaus nicht mit Pfeffer, sondern ursprünglich mit siebenerlei oder neunerlei Gewürzen aus den „Pfefferländern" des Orients gebacken wurden. Wen wundert es also, dass sich bei der Beliebtheit und der vermeintlichen Heilkraft der Leb- und Pfefferkuchen bald ein blühender Berufsstand um sie herum entwickelte, der noch heute Weltruf genießt.

Hier die wichtigsten Tipps zum Backen von Gebildbroten vorweg:

- Honig, Leb- und Pfefferkuchen müssen, damit sie saftig und würzig schmecken, einige Zeit im Voraus gebacken werden. Beginnen Sie also am besten schon in der ersten Adventswoche damit.

- Bewahren Sie das Gebäck in fest schließenden Dosen auf. Wenn Sie es vor dem Verzehr einige Zeit der Luft aussetzen, entfaltet es sein volles Aroma.

- Man kann auch Apfelschnitze mit in die Dose geben – das macht die Kuchen weich und mürbe.

Elisenlebkuchen

Die Erfindung des Namens schreibt man einem süddeutschen Lebküchner zu, der sein Töchterlein Elise verlor und ihm damit ein ehrendes Andenken schaffen wollte. Elisenlebkuchen stehen heute als das feinste Lebkuchengebäck stellvertretend für viele andere Köstlichkeiten, wie z. B. die „Kaiserlein", die der greise Kaiser Friedrich III. 1487 an arme Stadtkinder verteilen ließ. Diese Lebkuchen wurden auch später noch über lange Jahre hin mit dem Bildnis des jeweils herrschenden Kaisers verschenkt.

4 Eier, 200 g Puderzucker,
1 Päckchen Vanillezucker, 1 Msp. Salz,
175 g Zitronat, 50 g Orangeat, 2 TL Zimt,
je 1 Msp. gemahlene Nelken, Piment, Kardamom,
180 g gemahlene Mandeln,
180 g gemahlene Haselnüsse, abgeriebene Schale
von 1 unbehandelten Zitrone, 200 g Mehl,
runde Backoblaten (ca. 6 Zentimeter Durchmesser)
Für die Glasur: 200 g Puderzucker, 40 g Kakao,
30 g erwärmtes Kokosfett (z. B. Palmin),
4–5 EL heißes Wasser

Die Eier mit Puderzucker und Vanillezucker schaumig rühren. Die übrigen Zutaten nach und nach zugeben. Den Teig fingerdick auf die Oblaten streichen und im auf 175–200 °C vorgeheizten Ofen 15–20 Minuten backen. Herausnehmen und auskühlen lassen. Die für die Glasur angegebenen Zutaten verrühren und die Lebkuchen damit bestreichen.

- Anstelle der Schokoladenglasur kann man auch eine Zuckerglasur aus 250 Gramm Puderzucker, 1 Eiweiß und 3 Tropfen Zitronensaft verwenden.

- Wer möchte, kann zur Verzierung geschälte und halbierte Mandeln oder kandierte Früchte vor dem Backen in den Teig drücken.

- Man serviert das Gebäck zum Tee oder Kaffee oder, wie es die Mönche früher hielten, zu einem Glas Wein.

Nürnberger Eierzucker oder Springerle

Die Nürnberger nennen dieses Gebäck „Eierzucker" – wohl wegen seines hohen Ei- und Zuckergehalts, die Schwaben sagen „Springerle" dazu, weil der Teig beim Backen um die Hälfte in die Höhe geht, pardon: springt. Ob Eierzucker oder Springerle, das Rezept ist jahrhundertealt. Der Teig wird in ein Model gedrückt, herausgeklopft, gebacken und häufig auch noch bunt bemalt. Herrliche Bilder werden in die Formen eingegossen oder -geschnitzt: Jagdszenen, Paare in höfischen Trachten, Konterfeis der Schnitzer, der Bauern und der Adeligen und anderes mehr.

3 Eier, 250 g Puderzucker,
1 Päckchen Vanillezucker, 250 g Mehl,
1 Prise Hirschhornsalz (in wenig kaltem Wasser aufgelöst) oder 1 Msp. Backpulver,
1 EL gemahlener Anis, abgeriebene Schale von 1 unbehandelten Zitrone
Außerdem: Mehl für die Arbeitsfläche,
Anis für das Backblech

Die Eier mit Puderzucker und Vanillezucker weißschaumig rühren. Danach die übrigen angegebenen Zutaten einarbeiten.

Den Teig auf einer bemehlten Arbeitsfläche 1 Zentimeter dick ausrollen. Passend große Stücke abschneiden, in Model pressen und die überstehenden Reste abschneiden. Ausklopfen und auf ein mit Backpapier ausgelegtes und mit Anis bestreutes Blech legen.

24 Stunden in einem trockenen, warmen, aber nicht überheizten Raum ruhen lassen. Während dieser Zeit setzt sich unten ein „Füßchen“ ab.

Im auf 150 °C vorgeheizten Ofen etwa 20 Minuten backen. Damit die Springerle obenauf nicht dunkel werden, deckt man sie in der zweiten Hälfte der Backzeit mit Alufolie ab. Den Ofen in den ersten 10–12 Minuten nicht öffnen. Die Lebkuchen herausnehmen und offen an einem kühlen Ort aufbewahren.

- Springerle sollten von unten hellbraun, von oben aber hell gebacken werden. Wenn man in das Gebäck hineinbeißt, sollte es krachen, aber innen muss es zart und weich sein.

- Sind sie als Weihnachtsbaumschmuck vorgesehen, so sollten die Figuren mit buntem Zuckerguss angemalt werden. Diese Arbeit macht besonders Kindern große Freude.

Braune Kuchen

Ohne braune Kuchen wäre das Weihnachtsfest in Norddeutschland undenkbar. Früher wurden sie milchkannenweise gebacken, damit man nicht nur zu Weihnachten, sondern auch zum Dreikönigssingen und darüber hinaus noch Vorräte hatte. Die letzten, etwas weich gewordenen Plätzchen aß man dann gern auf gebuttertem Brot.

250 g Zuckersirup oder fester Honig, 100 g Butter,
100 g Schmalz, 200 g Zucker, 500 g Mehl,
je 1 TL gemahlener Kardamom, Piment, Zimt,
1 TL unbehandelte Zitronenschale,
1 TL Backpulver oder Natron
Außerdem: Mandeln zum Belegen

Den Sirup oder Honig im Wasserbad langsam zum Kochen bringen und abkühlen lassen. Mit den übrigen Zutaten zu einem geschmeidigen Teig verkneten. In Frischhaltefolie wickeln und einige Stunden kühl stellen.

Den Teig ausrollen, beliebige Formen oder Rechtecke ausstechen und mit Mandeln belegen. Im auf 200 °C vorgeheizten Ofen 10 Minuten braun backen und auskühlen lassen. Dann in gut schließenden Blechdosen aufbewahren.

Einfache Nürnberger Lebkuchen

Rezepte für Lebkuchen wurden traditionell gehütet wie die eines guten Pastetenbäckers und nur den Töchtern und Söhnen weitervererbt. Es ist keine Legende, dass die berühmten Lebküchner (Lebkuchenbäcker) ihre Gesellen nur die „groben" Zutaten abwiegen ließen, die Mischung der Spezereien aber selber vornahmen.

250 g Zucker, 4 Eier, 50 g Zitronat und
50 g Orangeat, klein geschnitten,
100 g gehobelte Mandeln, 5 g Zimt,
5 g gemahlener Kardamom,
je eine Msp. gemahlene Nelken und Muskatblüte,
Hirschhornsalz (in 1 EL kalter Milch aufgelöst),
250 g Mehl, runde Backoblaten
(6 Zentimeter Durchmesser)
Außerdem: Zuckerglasur (Rezept S. 19)

Zucker und Eier schaumig rühren, nach und nach Zitronat, Orangeat, Mandeln und Gewürze hinzufügen. Das aufgelöste Hirschhornsalz untermischen. Zum Schluss das Mehl dazugeben. Die Masse auf den Oblaten glatt streichen. Über Nacht stehen lassen, im auf 180 °C vorgeheizten Ofen etwa 30 Minuten backen. Noch warm mit der Zuckerglasur bestreichen.

Moppen oder Pflastersteine

Das Lebkuchengebäck hat rein äußerlich Ähnlichkeit mit Pflastersteinen. Es soll an die Steinigung des hl. Stephanus erinnern, dessen Namenstag die katholische Kirche seit dem frühen Mittelalter am 2. Weihnachtstag feiert. Traditionell werden dann an vielen Orten nach dem Hochamt in der Gastwirtschaft Schnäpse und Moppen zum Frühschoppen serviert. Dieser Brauch heißt im Volksmund „Stephanussteinigen".

2 Eier, 250 g Zucker (oder 200 g Honig und 50 g Zucker), 300 g Mehl, 1 Msp. gemahlene Nelken, 1 TL Zimt, etwas Pottasche (in 1 EL Milch aufgelöst), 50 g gemahlene Mandeln
Außerdem: etwas Milch zum Bestreichen

Eier und Zucker schaumig rühren (den Honig vorher leicht erwärmen). Die übrigen Zutaten einarbeiten. Lange Rollen formen und diese in 2 Zentimeter dicke Scheiben schneiden. Daraus Kugeln drehen und diese leicht flach klopfen.

Ein Backblech mit Alufolie auslegen und die Moppen mit Abstand daraufsetzen, weil sie beim Backen etwas auseinanderlaufen.

Mit Milch bestreichen und im auf 175 °C vorgeheizten Ofen etwa 15 Minuten backen; sie sollen goldbraun sein. Das Gebäck einige Tage offen an der Luft stehen lassen. Erst dann in fest schließende Dosen legen.

Bauernbissen

Diese rasch und preiswert zuzubereitenden schlesischen Pfefferkuchen stammen aus dem Glatzer Ländchen um Wartha und waren als typisches Weihnachtsgebäck auch in Breslau höchst beliebt. Allerdings aß man diese leichten, hellbraunen Honigkuchen nicht nur zur Weihnachtszeit, sondern sie standen in vielen Familien zu jeder Jahreszeit beim Sonntagnachmittagskaffee auf dem Tisch.

500 g Weizenmehl, 125 g Roggenmehl,
1 Päckchen Backpulver, 125 g Honig,
60 g Zucker, Salz, 1 Päckchen Lebkuchengewürz,
1 TL gemahlener Anis
Außerdem: Fett für das Blech

Die beiden Mehlsorten auf eine Arbeitsfläche sieben und mit dem Backpulver vermischen. In einer Schüssel 1/4 Liter Wasser mit Honig, Zucker und Salz verrühren, mit Lebkuchengewürz und Anis unter das Mehl kneten und alles rasch zu einem glatten Teig verarbeiten. In Frischhaltefolie wickeln und 1 Tag kühl stellen.

Am nächsten Tag nochmals durchkneten und kleine Kugeln daraus formen. Dicht auf ein gefettetes Blech setzen, damit sie aneinanderbacken.

Im auf 180 °C vorgeheizten Ofen 30 Minuten garen. Die Bissen noch warm auseinanderbrechen und auskühlen lassen.

Neißer Konfekt

Die alte Bischofsstadt Neiße gehört zu den berühmtesten „Honigkuchenstädten". Schon im 17. Jahrhundert wurden dort Pfefferküchlein, „Konfekt" genannt, in Form von Gebildbroten gebacken, die z. B. Adam und Eva, Jesus und Maria, Landsknecht und Edelfräulein darstellten. In späteren Zeiten begnügte man sich mit Herzchen- oder anderen Plätzchenformen.

250 g gemahlene Mandeln,
50 g fein gewürfeltes Zitronat, 1 kg Mehl,
500 g Honig, 500 g Zucker,
1 TL Zimt, 1 TL gemahlener Kardamom,
1 TL gemahlene Nelken, 2 Eier,
15 g Pottasche (in 4 EL Wasser aufgelöst)
Für die Glasur: 250 g Puderzucker,
etwas Zitronensaft oder Wasser
Außerdem: Mehl für die Arbeitsfläche

In einer Schüssel die Mandeln und das Zitronat mit zwei Dritteln des Mehls vermengen. Honig und Zucker im Wasserbad aufkochen und mit den Gewürzen mischen. Die heiße Masse von der Mitte aus unter die Mehlmischung arbeiten, sodass ein weicher Brei entsteht. Abkühlen lassen.

Die Eier verschlagen und dann mit der aufgelösten Pottasche unter den Teig rühren. Das restliche Mehl unterkneten; der Teig darf danach nicht mehr kleben. Dünn auf einer bemehlten Arbeitsfläche ausrollen und mit verschiedenen Formen Plätzchen ausstechen.

Im auf ca. 175 °C vorgeheizten Ofen etwa 15 Minuten backen. Herausnehmen und auskühlen lassen.

Aus Puderzucker und Zitronensaft oder Wasser einen dicken Brei rühren und die Pfefferkuchen mit der Glasur bestreichen.

Das Konfekt schmeckt erst nach ein paar Tagen so richtig gut. In Blechdosen aufbewahrt, hält es sich monatelang frisch.

Aachener Printen

Aachener Printen sind so berühmt, dass sie in die ganze Welt verschickt werden. Eigentlich stammen sie aus dem nahe gelegenen Dinant in Belgien. Hier ziselierten flandrische Gießer schon Ende des 15. Jahrhunderts beliebte Backformen aus Metall. Der Teig war ursprünglich ungesüßt oder nur schwach mit Honig versetzt. Erst später wurde das Gebäck von den Zuckerbäckern so verfeinert, wie wir es heute schätzen. Der Teig muss so geschmeidig sein, dass er sich „printen“ (von engl. „drucken“) lässt. Auf diese Kunst verstanden sich früher nur wenige. Man setzte den Teig schon im Herbst mit Pottasche an und stellte ihn in den Keller, damit er dort reifen und gären konnte. Gebacken wurden die Printen ursprünglich über einem offenen Eichenholzfeuer.

500 g Honig, 125 g Zucker,
125 g brauner Kandiszucker,
5 g Pottasche (in 1 EL Wasser aufgelöst),
600 g Mehl, 60 g Zitronat
oder Orangeat, etwas gemahlener Anis,
je 1 Prise Piment, gemahlene Nelken
und gemahlener Koriander,
1 TL Zimt, 1 Prise Natron
Außerdem: Mehl für die Arbeitsfläche,
Milch zum Bestreichen

In einem Topf den Honig mit 2 Esslöffeln Wasser erhitzen. Zucker und Kandiszucker darin auflösen. Mit den übrigen Teigzutaten vermengen und einige Tage zugedeckt kühl stellen.

Den Teig auf einer bemehlten Arbeitsfläche 1/2 Zentimeter dick ausrollen und zu 3 x 8 Zentimeter großen Rechtecken schneiden. Wenn Sie Print-Model besitzen, drücken Sie den Teig hinein und klopfen ihn wieder heraus. Die Gebäckstücke auf ein mit Wasser bespritztes Blech legen, mit Milch bestreichen und im auf 220 °C vorgeheizten Ofen 15 Minuten backen.

Da Printen recht hart und dadurch schwer zu beißen sind, bricht man sie ab und lässt sie stückchenweise im Mund zergehen. Erst dann entfaltet sich das ganze Aroma der Gewürze.

Wer weiche Printen vorzieht, sollte sie einige Zeit der feuchten Luft aussetzen oder mit Apfelschnitzen zusammen aufbewahren.

Krefelder Klaaskerle

Eine besondere Stellung im Zyklus des christlichen Weihnachtsbrauchtums nimmt traditionell das Fest des hl. Nikolaus ein. Es gilt dem Bischof Nikolaus von Myra (um 400 n. Chr.). Er wurde zum Schutzpatron der Schiffer und Bäcker. Schon im 14. Jahrhundert feierte man ihn als den guten Mann, der sich besonders notleidender Kinder annahm und diese beschenkte. Und alle Jahre wieder am 6. Dezember sehen wir ihn, in seinen roten Bischofsmantel gehüllt und auf einem Schimmel reitend, wie er seinen prallen Jutesack öffnet, um die Großen und Kleinen zu beschenken.

Rund um den Nikolaustag sind in Deutschland über Jahrhunderte viele Gebildbrot-Traditionen entstanden. Im niederrheinischen Krefeld z. B. bäckt man die sog. „Klaaskerle“, also Nikoläuse. Der größte bekannte Model ist ein 1,93 Meter großer Klaaskerl. Die darin gebackenen „Männer“ wurden früher an die umliegenden Waisenhäuser verschenkt.

500 g Zuckersirup oder Rübenkraut, 600 g Mehl,
200 g Zucker, 1 Päckchen Lebkuchengewürz
oder: 1 Prise Piment, 3 TL gemahlener Anis,
2 TL Zimt, 2 TL gemahlener Koriander,
je 1 Prise gemahlene Nelken, gemahlener Kardamom,
Muskat und Natron
Außerdem: Sirup zum Bestreichen

In einem Topf den Sirup oder das Rübenkraut mit 3 Esslöffeln Wasser so weit erhitzen, dass sich beides gut verbindet. Danach alle Zutaten nach und nach zugeben und zu einem glatten Teig verarbeiten. 24 Stunden zugedeckt ruhen lassen.

Nochmals gut durchkneten und in Klaaskerl-Formen drücken. Ein Backblech mit kaltem Wasser bespritzen, die Klaaskerle darauflegen, mit Sirup bestreichen und im vorgeheizten Ofen bei ca. 175 °C in 25–30 Minuten braun backen.

Weckmänner oder Stutenkerle

Für Rheinland und Westfalen typische Gebildbrote sind die aus gutem Hefeteig gebackenen Weckmänner (Rheinland) oder Stutenkerle (Westfalen). Sie symbolisieren den Hans Muff, den Knecht Ruprecht, den drohenden Begleiter des hl. Nikolaus. Die Kinder nehmen sie am Nikolaustag mit zur Schule oder sie werden bei einer Tasse Milchkaffee genüsslich zu Hause verzehrt. Für Kinder ist die kleine Tonpfeife, die der „Mann“ im Mund trägt, das Wichtigste.

500 g Mehl, 40 g Hefe, 1 Prise Salz,
1/4 l lauwarme Milch, 100 g Butter,
60 g Zucker, 2 Eier
Außerdem: Mehl für die Arbeitsfläche, Rosinen

Eine Schablone für den Stutenkerl herstellen. Die Hälfte des Mehls in eine Schüssel sieben und eine Mulde hineindrücken. Die Hefe hineinbröckeln und mit dem Salz bestreuen. Die Milch dazugeben, die Zutaten in der Mulde leicht verrühren und mit etwas Mehl bestäuben. Den Vorteig zugedeckt an einem warmen Ort 15 Minuten gehen lassen.

Die übrigen Zutaten mit Ausnahme des Mehls dazugeben und mit dem Rührlöffel verschlagen, bis der Teig Blasen wirft. Dann das restliche Mehl einarbeiten. Den Teig nochmals gehen lassen, bis sich sein Volumen verdoppelt hat. Auf einer bemehlten Arbeitsfläche ca. 1 Zentimeter dick ausrollen. Die Schablone auf den Teig legen und Stutenkerle ausschneiden.

Die Rosinen als Augen einsetzen. Eine kleine Tonpfeife dort einlegen, wo der Mund angedeutet wird. Im auf 175 °C vorgeheizten Ofen ca. 20 Minuten backen.

Pfeffernüsse

375 g Zuckersirup, 250 g Zucker,
100–150 g Schmalz oder Butter,
1 TL gemahlener Koriander, 1 TL gemahlene Nelken,
1 TL fein geschnittene Orangenschale, 50 g Zitronat,
1 kg Mehl (oder etwas mehr), 1/2 TL Salz,
1 Prise Hirschhornsalz, 1 TL Pottasche
Außerdem: Mehl für die Arbeitsfläche

In einem Topf den Sirup mit dem Zucker, dem Fett und den Gewürzen aufkochen, erkalten lassen. Umrühren und auf einer bemehlten Arbeitsfläche mit den übrigen Zutaten verkneten. Den Teig zugedeckt 3–4 Tage in den Kühlschrank stellen.

Dann aus dem Teig kleine abgeflachte Kugeln formen, im auf 175–200 °C vorgeheizten Ofen 20 Minuten goldbraun backen.

Verzieren Sie die Pfeffernüsse hübsch mit Zitronen- oder Schokoladenglasur und Zuckerperlen.

Frankfurter Brenten

Das köstliche Marzipangebäck ist bereits im 16. Jahrhundert belegt. Sein Name leitet sich, ebenso wie der der Aachener Printen, vom englischen „to print“ = „drucken“ ab. Von Goethe weiß man, dass er sich oft von seiner Mutter selbst gemachte Brenten und Bethmännchen nach Weimar schicken ließ. Und Eduard Mörike widmete den Brenten sogar nebenstehendes schwärmerisches Gedicht.

500 g Marzipanrohmasse,
125 g Puderzucker, 1 Eiweiß, 20 g Mehl
Außerdem: Zucker zum Ausstreuen,
Fett und Mehl für das Blech

Die Marzipanrohmasse mit Puderzucker, Eiweiß und Mehl verkneten. Den Teig auf einer mit Zucker ausgestreuten Arbeitsfläche 1/2 Zentimeter dick ausrollen und in gut bemehlte Holzmodel drücken. Vorsichtig herausschlagen, auf ein gefettetes und bemehltes Backblech legen und über Nacht trocknen lassen.

Im auf 150 °C vorgeheizten Ofen etwa 15 Minuten backen. Herausnehmen, auskühlen lassen und in fest schließenden Blechdosen aufbewahren.

Sollten Sie keinen Brentenmodel zur Verfügung haben, können Sie den ausgerollten Teig auch in schmale Streifen schneiden.

Mandeln erstlich, rat' ich dir,
Nimm drei Pfunde, besser vier
(im Verhältnis nach Belieben).
Diese werden nun gestoßen
Und mit ordinärem Rosen-
Wasser feinstens abgerieben.
Je aufs Pfund Mandeln akkurat,
Drei Vierling Zucker ohne Gnad'.
Denselben in den Mörsel bring,
Hierauf ihn durch ein Haarsieb schwing!
Von deinen irdenen Gefäßen
Sollst du mir dann ein Ding erlesen,
Was man sonst eine Kachel nennt,
Doch sei sie neu zu diesem End'!
Drein füllen wir den ganzen Plunder
und legen frische Kohlen unter.
Jetzt rühr und rühr ohn' Unterlaß
Bis sich verdicken will die Mass'
Und rührst du eine Stunde voll!
Am eingetauchten Finger soll
Das Kleinste nicht mehr hängen bleiben;
So lange müssen wir es treiben.
Nun aber bringe das Gebrodel
In eine Schüssel (der Poet,
Weil ihm der Reim vor allem geht,
will schlechterdings hier einen Model,
Indes der Koch auf ersterer besteht)!
Darinne drück's zusammen gut,
Und hat es über Nacht geruht,
Sollst du's durchkneten Stück für Stück
Auswellen messerrückendick.
(Je weniger Mehl du streust ein,
Um desto besser wird es sein.)
Alsdann in Formen sei's geprägt.
wie man bei Weingebacknem pflegt;
Zuletzt – das wird der Sache frommen –
Den Bäcker scharf in Pflicht genommen!
Daß sie schön gelb vom Ofen kommen!

Eduard Mörike

Spekulatius

Dieses Weihnachtsgebäck stammt eigentlich aus den Niederlanden, hat aber in Westfalen und Niedersachsen festen Fuß gefasst. Spekulatius fehlen dort auf keinem Weihnachtsteller. Der Name leitet sich vom lateinischen Wort „Spekulator" ab, das heißt Aufseher, Bischof. Damit war der hl. Nikolaus gemeint. Da sein Namenstag in den Niederlanden ganz besonders gefeiert wird, werden die Gebildbrote dann auch reichlich verteilt. Man presst den Teig in Model und backt die Spekulatius auf einem Blech. Die Model sind längliche Holzbretter, in die Negativformen von Tieren, Menschen oder Pflanzen geschnitzt sind.

250 g Butter, 300 g Zucker, 2 Eier,
1/2 TL Zimt, 1 Msp. gemahlene Nelken,
1 Msp. gemahlener Kardamom,
1 Prise Salz, 500 g Mehl
Außerdem: Zucker zum Ausstreuen,
Fett und Mehl für das Blech

Butter und Zucker schaumig rühren. Eier zugeben und die Masse cremig schlagen. Nach und nach alle übrigen Zutaten einarbeiten. Vom Mehl etwa 400 Gramm zugeben, um einen festen Knetteig zu erhalten. Den Rest des Mehls zum Ausrollen und Bestäuben des Models und des Backblechs verwenden. Den Teig über Nacht ruhen lassen.

Model mit Mehl einstäuben, Teig in die Vertiefung pressen und den überstehenden Rest mit einem Messer abschaben. Die Plätzchen aus der Form schlagen und auf ein gefettetes, bemehltes Backblech legen. Wenn Sie keinen Model besitzen, nehmen Sie die gängigen Formen zum Ausstechen von Plätzchen. Im auf 200 °C vorgeheizten Ofen etwa 10 Minuten backen.

Für Mandelspekulatius Mandelblättchen auf die „Teigrückseite“ in den Modeln drücken.

Verzeichnis der Rezepte

Ein bunter Teller voller Plätzchen

Gebildbrote und Kultgebäck aus Pfefferkuchen- oder Lebkuchenteig